Dulces divertidos
para niños

Cookies, muffins, cupcakes,
cake pops, donutmanía y gingerbread

LIBSA

Antes de empezar…

¿Te gustaría crear pequeñas obras de arte con tus dulces favoritos? Aquí vas a aprender muchas técnicas e ideas para que puedas hacer cookies, muffins, cupcakes, donuts y gingerbreads con un toque creativo de la manera más fácil y divertida. Eso sí, no olvides que necesitarás la ayuda de tus padres cuando tengas que usar el horno.

TIPOS DE COBERTURA

Antes de empezar, necesitas conocer las coberturas más habituales con las que podrás mejorar el aspecto de tus pequeñas obras de arte. Ten en cuenta que la cobertura se usa sobre todo para decorar, pero con ella también se consigue que el dulce quede más compacto.

• **CHOCOLATE:** para cobertura de postres no sirve la tableta de chocolate de la merienda. Para lograr la textura idónea, el chocolate debe estar mezclado con algún ingrediente graso, como la mantequilla.

Ingredientes: 150 g de mantequilla • 250 g de azúcar glas • 50 g de cacao en polvo (también se puede derretir chocolate negro)

Preparación: con la ayuda de un adulto, funde la mantequilla en un cazo a fuego lento y resérvala. Echa en un bol el azúcar glas y el cacao en polvo. Haz un agujero en el centro y pon allí la mantequilla. Mezcla muy bien hasta lograr una masa. Si está demasiado espesa, añade un chorrito de leche. ¡Ya tienes el chocolate listo para poder extenderlo y aplicarlo a tus dulces!

¡Truco!

Es más fácil comprar chocolate específico para postres y fundirlo en un cazo o en el microondas.

• **MASA DE MAZAPÁN:** esta pasta dulce es la más fácil de manipular para crear figuritas decorativas. Puedes hacer en casa la masa básica y dividirla en tantos colores como necesites: a cada montoncito de masa ponle un colorante alimentario y… ¡listo para modelar! También se vende en sitios especializados en diferentes colores.

Ingredientes: 250 g de almendras molidas • 250 g de azúcar glas • 2 claras de huevo • Colorantes alimentarios (dependerá de la figura que quieras hacer)

¡Idea!

Hacer figuritas es muy divertido: parecerás un escultor creando pequeñas estatuas… ¡que te vas a comer!

Preparación: mezcla las almendras y el azúcar glas. Añade las claras y vuelve a mezclar muy bien hasta lograr una masa firme y compacta. Si necesitas varios colores, divide la masa en tantos como precises y añade los colorantes. Si la masa queda muy seca, métela durante unos segundos en el microondas.

• **FONDANT O PASTA DE AZÚCAR:** es de las más usadas para añadir elementos decorativos y forrar tartas y bizcochos. Con ella también puedes crear figuritas. Para aplicar plantillas de dibujos en relieve, no hay nada mejor que una plancha de fondant; en ninguna otra cobertura se pueden apreciar correctamente dichos relieves. Aquí te explicamos la manera más rápida de hacer fondant: ¡con nubes o marshmallows!

Ingredientes: 250 g de nubes blancas • 2 cucharadas de agua • 500 g de azúcar glas • Un poquito de maicena (harina fina de maíz) • Colorantes alimentarios (los que se pidan en cada receta)

Preparación: en un bol resistente al calor pon las nubes y el agua y mételo en el microondas durante 5 minutos. En la encimera de la cocina o sobre una tabla grande haz un volcán con el azúcar glas. Pon las nubes derretidas dentro del volcán y amasa con una espátula de cocina para que no se pegue a tus dedos. Añade la maicena, amasa y aplasta con un rodillo. Cuando veas que ya no es pegajosa, da forma a la masa con las manos hasta crear una bola, envuélvela con film transparente y déjala en la nevera durante 24 horas. Si al sacarla está muy dura y no le puedes dar forma, métela unos segundos en el microondas. Si necesitas varias tonalidades, divide la gran bola de masa y aplica los colorantes alimentarios.

¡Recuerda!

Son lo mismo: nube, marshmallow, malvavisco y esponjita.

• **GLASEADO:** es una cobertura rápida y fácil de preparar, muy usada para decorar cookies y muffins.

Ingredientes: 200 g de azúcar glas • 100 ml de agua • 3 gotas de esencia de vainilla

Preparación: en un cazo al fuego se hierve el agua y se añade el azúcar glas y la esencia de vainilla (¡pide ayuda a papá o a mamá!). Se remueve todo bien hasta conseguir una masa homogénea y sin grumos. Su sabor es delicioso y su aspecto es cremoso.

¡Recuerda!

El colorante alimentario sirve para dar color a los alimentos. Para tus postres te recomendamos los líquidos: lee atentamente las indicaciones del fabricante.

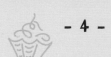
UTENSILIOS BÁSICOS

Para hacer repostería son necesarios algunos utensilios de cocina especiales, además de los que seguramente hay en tu casa, como cucharas pequeñas y grandes, cuchillos, cazos, boles, tabla antiadherente para cortar y extender masas, papel de aluminio, film transparente, rallador, exprimidor… Estos son los principales:

- **Bandejas para tartas:** suelen ser redondas y son perfectas para colocar tus cupcakes y donuts ya terminados.
- **Batidora eléctrica:** con ella todas las mezclas quedan homogéneas, pero necesitas la ayuda de un adulto para usarla.
- **Blondas:** son papeles con puntillas en los bordes para presentar tus dulces de la forma más elegante.
- **Cortapastas:** utensilios que sirven para dar forma a las galletas.
- **Cuchara de madera o de silicona:** son las mejores para poder mezclar ingredientes sin que se peguen.
- **Espátula de repostería:** es metálica, de hoja larga, y sirve para tallar figuritas y nivelar tartas.
- **Espátula de silicona:** también se le llama lengua y se usa para retirar de un recipiente los restos de una preparación o mezcla.
- **Manga pastelera:** utensilio de forma cónica que sirve para añadir nata a los pasteles y galletas y para decorar tartas. La puedes comprar hecha o elaborarla con papel de horno: enrollas hasta obtener un cono y lo sujetas con cinta adhesiva.
- **Moldes de papel rizado:** son los que se usan para colocar los muffins y cupcakes. Los venden de muchos colores y son muy decorativos. También sirven para hornear.
- **Moldes pequeños de silicona:** son perfectos para hornear los muffins y cupcakes.
  - **Papel de horno:** sirve para proteger la bandeja del horno y evita que las piezas que hayas puesto encima se peguen.
  - **Pinceles de cocina:** están hechos de silicona y con ellas se aplican decoraciones.
  - **Plantillas:** sirven para decorar con fondant. Existen de diversos tipos y formas, y su resultado es espectacular.
  - **Rodillo de amasar:** puede ser de madera o de silicona. Sirve para aplanar algún ingrediente o masa.
  - **Soporte de corcho:** imprescindible si quieres pinchar en él los cake pops.
  - **Vaso medidor:** sirve para calcular las cantidades necesarias de algunos ingredientes.

¡Recuerda!

Estos dulces son para ocasiones especiales. No se deben comer a diario porque llevan mucho azúcar.

Parte 1

Cookies

Una cookie es algo más que una simple galleta, porque siempre tiene formas y colores muy alegres y apetecibles. Existen muchos cortapastas para crear figuras divertidas, pero también puedes crearlas tú con un cuchillito (y mucho cuidado). Las más fáciles son las redondas, porque te bastará con cortar la masa de cookies con un vaso o tacita colocados boca abajo.

Con la masa de la receta puedes hacer muchas y pequeñas cookies o una muy grande, por ejemplo para celebrar una fiesta determinada o para llevar un regalo a un amigo el día de su cumpleaños. ¿Te atreves a escribir su nombre con una manga pastelera?

Las cookies duran mucho tiempo si las conservas en un recipiente hermético.

Masa para cookies

Ingredientes: 200 g de harina • 75 g de azúcar • 80 g de mantequilla derretida • 2 yemas de huevo. **Opcional:** esencia de vainilla o gotitas de zumo de limón

Se mezcla todo muy bien y se extiende la masa con un rodillo sobre la encimera enharinada o cubierta con papel de hornear. Hay que conseguir una plancha de unos dos o tres milímetros de grosor. Se aplica el cortapastas para dar forma a las galletas y se meten en el horno ya caliente a 180 °C durante 10-12 minutos. ¡Pide ayuda a un adulto!

Cookies de chocolate

¡Para chuparse los dedos!

También puedes poner grageas de distintos tamaños para que el resultado sea más divertido.

Deja algunas grageas de chocolate sin cobertura de caramelo.

¡Truco!

La harina integral y el azúcar moreno aportan el aspecto rugoso a la cookie.

Ingredientes

- Utiliza harina integral y azúcar moreno para la masa de cookies
- Masa de mazapán (ver p. 2)
- Cobertura de chocolate (ver p. 2)
- Colorantes rojo, verde, azul, naranja y amarillo

Utensilios

- Cortapastas redondo
- Palillos de madera

Elaboración

Con la masa haz la cookie más grande que puedas, procurando que no sea muy gruesa, porque tendrías que dejarla más tiempo en el horno.

Las grageas

Divide la masa de mazapán en cinco partes iguales y aplica a cada una un colorante. Con la cobertura de chocolate haz tantas bolitas como puedas dándoles forma con tus manos. Pínchalas con un palillo y aplícales color. Cuando la masa de mazapán esté seca, quita los palillos con cuidado y coloca las grageas en la galleta.

Frankenstein

Color verde característico de haber pasado una mala noche.

¡Idea!

Intenta que la cara quede como «desordenada» para que tu cookie sea terrorífica.

Esos dientes...

Expresión no demasiado inteligente.

¡Uuuuuhh!

¡Qué susto!

¡Qué craneo!

Lo más probable es que no encuentres un cortapastas con la forma de la cabeza de Frankenstein, así que, una vez que tengas lista la masa para cookies, traza el contorno de la cabeza de este monstruo con un cuchillo poco afilado.

Piel verde

La base verde se hace con colorante de este color y fondant. Una vez listo, extiéndelo muy bien con un cuchillo redondo o con una espátula de repostería.

Ojos, dientes y pelo

Los detalles se hacen con masa de mazapán coloreada. «Dibuja» la cara con una manga pastelera para la masa de mazapán de color blanco y otra para la de color negro (así no tienes que estar lavándolas).

Ingredientes
- Masa de mazapán (ver p. 2)
- Cobertura de fondant (ver p. 3)
- Colorantes verde, negro y blanco

Utensilios
- Espátula o cuchillo redondo para extender el fondant
- 2 mangas pasteleras de boca estrecha

Vuelta a la escuela

El borrador, por si te equivocas al escribir.

¡NO habrá EXCUSA para no ir a clase!

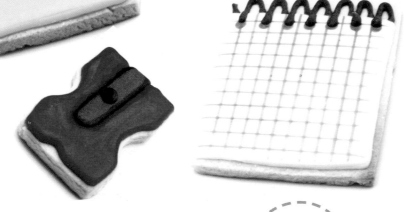

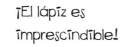

¡El lápiz es imprescindible!

¡No te olvides de la regla!

Ingredientes
- Fondant (ver p. 3)
- Colorantes alimentarios amarillo, rojo, verde, azul, negro y blanco

Utensilios
- Espátula o cuchillo para extender el fondant
- Manga pastelera
- Palillo de madera para dibujar los detalles finos

Las formas

En las tiendas especializadas venden cortapastas de formas diversas, pero en esta ocasión tendrás que echar mano de tus habilidades para crear todo este material escolar. ¡Es muy fácil! Si te fijas bien, verás que las bases son estructuras básicas como cuadrados o rectángulos; solo tendrás que añadir la punta del lapicero y las hendiduras de los laterales del sacapuntas.

Los colores

Divide la cobertura de fondant en tantos colores como necesites. Aplica un colorante a cada una de las partes y extiende los colores según corresponda a cada cookie. Para hacer la espiral del cuaderno, introduce fondant negro en la manga pastelera y crea unos pequeños arcos en la parte superior del cuaderno. La manga pastelera también será útil para hacer la punta del lapicero y la cuchilla del sacapuntas. Para los detalles más sutiles (la cuadrícula del cuaderno y las marcas de la regla), espera a que la base de fondant esté dura, moja un palillo de madera en el colorante negro y ve trazando las líneas correspondientes.

Corazón de fantasía

Lo mejor es que haya mucha variedad de color.

Intenta que el fondant rosa no llegue hasta el borde para darle un aire más profesional.

¡Idea!

Es el regalo perfecto para el Día de la Madre: demuéstrale cuánto la quieres con una gran cookie.

Un corazón de galleta

Después de hacer la masa para cookies y extenderla en una superficie plana (la encimera enharinada o la bandeja del horno forrada con papel para hornear), aplica el cortapastas. Si vas a hacer un solo corazón, el cortapastas debe ser grande; pero si lo que prefieres son varios corazoncitos, el cortapastas debe ser más pequeño. Mezcla el fondant con el colorante rosa y extiéndelo por la superficie de la galleta con una espátula de repostería o un cuchillo redondo.

Decoración

Los confetis de caramelo se venden por colores o bien todos mezclados. En este caso lo mejor es optar por los que vienen mezclados para darle un mayor colorido a esta GRAN galleta.

Ingredientes
- Fondant (ver p. 3)
- Colorante rosa
- Confeti de caramelo de colores

Utensilios
- Cortapastas con forma de corazón
- Papel para hornear
- Espátula de repostería o cuchillo redondeado para extender el fondant

Smilies

Cara de despertarse muy temprano.

¡Diversión!

Estas graciosas caritas de cookies son muy rápidas y divertidas de hacer.

Cara de sorpresa.

Cara de duda.

¡Para partirse de risa!

Cara de susto.

Ingredientes

- Glaseado (ver p. 3)
- Cobertura de chocolate (ver p. 2)

Utensilios

- Cortapastas redondo
- Manga pastelera de boca muy estrecha

Las caritas

Corta la masa para cookies con el cortapastas redondo; si no tienes uno, lo puedes hacer con un vaso pequeño o tacita boca abajo.

Las expresiones

Los ojos se hacen con el glaseado. Y el chocolate se aplica con la manga pastelera. Piensa en todas las expresiones que puedes hacer con la cara. Según cómo dibujes los ojos y la boca, lograrás cara de susto, de alegría, de tristeza, de enfado… También puedes añadirles cejas para que las caritas sean más realistas.

¡Ha llegado la primavera!

Perfila muy bien los pétalos.

¡Truco!

La esencia de vainilla aportará una mayor fragancia, como si olieras una ¡flor auténtica!

Para conseguir el volumen de las hojas de las flores debes utilizar masa de mazapán.

¡Aaaachííís!
¡Ha llegado la primavera!

Aplicar colores

Divide la masa fondant en tantas partes como colores que vas a necesitar para decorar las cookies. El color verde lo harás con masa de mazapán, para darle ese aspecto más voluminoso. Después de aplicar los cortapastas a la masa de cookies y hornear (¡no te olvides de pedir ayuda a un adulto!), comienza lo más divertido: ¡decorar las galletas! Extiende el fondant azul, naranja y rojo. Moldea con tus manos las hojas y los tallos verdes hechos con masa de mazapán teñida de verde.

Usa la manga pastelera

Por último, crea los detalles finos, como los bordes de la margarita, el tulipán y el clavel. Utiliza tres mangas pasteleras, una para el color amarillo, otra para el rojo y otra para el azul.

Ingredientes
- Añade esencia de vainilla a la masa de cookies
- Fondant (ver p. 3)
- Masa de mazapán (ver p. 2)
- Colorantes azul, verde, naranja, rojo y amarillo

Utensilios
- Cortapastas de flores
- 3 mangas pasteleras

Caracol, col, col

¡Recuerda!

Necesitarás varias mangas pasteleras: una para cada color. Así no se mezclarán los distintos tonos.

Intenta no llevar el fondant hasta el borde de la cookie para que se quede bien marcada la forma del caracol.

Un ojo hacia arriba y el otro hacia abajo...

¡Tómate tu tiempo! (como hace él)

Ingredientes
• Fondant (ver p. 3)
• Masa de mazapán (ver p. 2)
• Colorantes verde, marrón, rojo, amarillo, negro y blanco

Utensilios
• Cortapastas con forma de caracol
• Cuchillo redondo para extender la cobertura
• Manga pastelera

Las bases

Aplica el cortapastas con forma de caracol a la masa para cookies. Hornea la cookie el tiempo indicado y déjala enfriar.

Decorando

Divide el fondant en dos y aplica los colorantes alimentarios verde y marrón. Los detalles con volumen se hacen con la masa de mazapán, que deberás dividir en los colores que necesites y mezclar con los colorantes. Algunos detalles muy finos, como la boquita, los ojos y las líneas del caparazón, se hacen con una manga pastelera de boca estrecha.

Lindo gusanito

¡Me arrastro toooodo el díaaaaa!

Puedes hacer unas antenas más largas.

Los detalles van disminuyendo de tamaño según se acercan al final del cuerpo.

Fíjate en todos los detalles que tiene esta cookie.

El cuerpo del gusano

Si no encuentras un cortapastas con forma de gusano, busca por tu casa vasos redondos de distinto tamaño y haz tu propio gusano. ¡Y no te olvides de las antenas!

Presta atención

Aplica el colorante alimentario verde al fondant y extiéndelo por todo el cuerpo del gusano con la ayuda de la espátula de repostería. Usa la masa de mazapán para crear todos los detalles. Divide la masa de mazapán en cinco partes y aplica los colorantes. Fíjate en que las bolitas de color marrón no son del mismo tamaño, sino que van de mayor a menor, proporcionalmente con el cuerpo del gusanito. La boca se hace con una manga pastelera de punta muy estrecha. Si eres habilidoso, haz los ojos con tus manos.

Ingredientes
- Fondant (ver p. 3)
- Masa de mazapán (ver p. 2)
- Colorantes verde, . rojo, amarillo, marrón, negro y blanco

Utensilios
- Cortapastas con forma de gusano
- Espátula o cuchillo redondo para extender la cobertura
- Manga pastelera

Ranita verde

croac croac

Crea una expresión divertida para tu cookie-rana.

¡Recuerda!

Espera a que el fondant haya quedado completamente liso para colocar los detalles hechos con la masa de mazapán.

Los deditos se hacen con bolitas de masa de mazapán de color amarillo.

La tripita se consigue con un círculo.

Ingredientes

- Fondant (ver p. 3)
- Masa de mazapán (ver p. 2)
- Colorantes verde, rojo, amarillo, negro y blanco

Utensilios

- Cortapastas con forma de rana
- Espátula de repostería o cuchillo redondo
- Varias mangas pasteleras

Ranita divertida

Aplica el cortapastas con forma de rana a la masa para cookies. Después hornea la cookie durante unos minutos y déjala enfriar.

Observador

Una vez hecho el fondant, aplícale el colorante verde. Extiéndelo con cuidado sobre la cookie con un cuchillo redondo o una espátula de repostería. Después comienza con la decoración. Para ello divide la masa de mazapán en tantos colores como vayas a necesitar y mezcla con los colorantes. Haz la boca, los ojitos, la nariz y las líneas alrededor de la tripa con mangas pasteleras de boca muy estrecha (una manga para cada color).

Fantasía de lunares

¡Qué bonita soy!

Prueba a hacer varios ojos y elige los que mejor le vayan.

Fíjate en su expresión; si quieres algo más divertido, pon cada ojo mirando a un lado distinto.

¡Recuerda!

Puedes hacer los detalles con una manga pastelera o con tus manos... ¡depende de tu habilidad!

Si dejas un poco de distancia entre el borde de la cookie y la figura, esta destacará más.

Haz la forma

Para hacer la forma, lo más fácil es que a la masa de cookies apliques una gran estructura redonda a la que darás forma en la parte de la cabeza y al final del cuerpo de la figura.

Lunares y más lunares

Por encima de la cookie extiende el fondant ya mezclado con el colorante rojo dándole la forma deseada. Los detalles se crean con masa de mazapán: divídela en tres partes, dos pequeñas y una más grande. Esta última será la de color negro. ¡Y ponte a hacer los lunares! Luego harás la patitas, los ojos y la boca y los aplicarás con sendas mangas pasteleras (así no se mezclan los colores).

Ingredientes

- Fondant (ver p. 3)
- Masa de mazapán (ver p. 2)
- Colorantes alimentarios rojo, negro y blanco

Utensilios

- Cortapastas redondo
- Espátula o cuchillo redondo para extender la cobertura
- Varias mangas pasteleras

Halloween muy dulce

El pelo verde se hace con una manga pastelera de boca muy fina.

¿Truco o trato?

Para el cuerpo de la arañita, utiliza una gragea de chocolate.

¡buuuu!

Utiliza los dedos para dar la forma de fantasma a la masa para cookies.

¡Un gato negro! ¡Da mala suerte!

Ingredientes
- Fondant (ver p. 3)
- Masa de mazapán (ver p. 2)
- Chocolate (ver p. 2)
- Colorantes blanco, negro, naranja, amarillo y verde

Utensilios
- Cortapastas de diversas formas
- Espátula de repostería o cuchillo redondo
- 3 mangas pasteleras de boca estrecha

Figuritas de miedo
Presiona los cortapastas sobre la masa para cookies y hornea (siempre con la ayuda de un adulto). Divide el fondant en tres partes y aplica los colorantes blanco, negro y naranja. Extiéndelos muy bien en las cookies que correspondan.

Detalles
Los detalles decorativos se hacen con las mangas pasteleras. Para el penacho de la calabaza, aplica el colorante verde a la masa de mazapán y distribuye con la manga. Para la tela de araña y el contorno del fantasma deberás utilizar chocolate negro.

Conejitos de Pascua

La línea del borde del fondant aporta un aspecto elegante.

¡Qué moooonooooos!

Recuerda que la masa de mazapán se puede trabajar con las manos.

La cobertura de fondant debe quedar muy lisa antes de añadir los detalles.

Las bases

Después de haber horneado las cookies y que se hayan enfriado, divide el fondant en tres, aplica los colorantes naranja, azul y amarillo y extiéndelos donde corresponda. Con un palillo de madera realiza un surco casi en el borde del fondant.

Líneas y adornos

Aplica colorantes a la masa de mazapán. Las líneas finas que semejan las patas del conejo se hacen con la manga pastelera. Los demás detalles los puedes realizar con tus propias manos y un poquito de habilidad, como si jugaras con la plastilina a hacer figuritas. ¡Es así de fácil!

Ingredientes
- Fondant (ver p. 3)
- Masa de mazapán (ver p. 2)
- Colorantes azul, amarillo, naranja, rosa, blanco y morado

Utensilios
- Cortapastas de conejo y zanahoria
- Espátula o cuchillo redondo
- Palillo de madera
- Manga pastelera de boca estrecha

Coronas reales

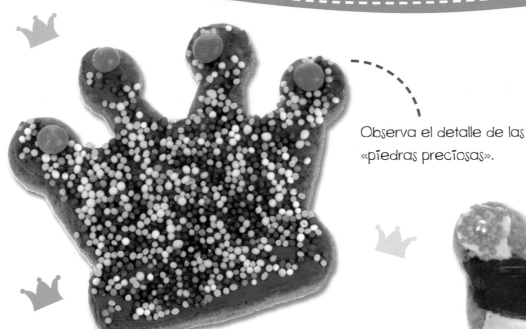

Observa el detalle de las «piedras preciosas».

God save the Queen!

¡Las perlitas de caramelo quedan perfectas!

Prueba a hacer la bandera del país que más te guste... ¡o haz tu propio diseño!

¡Recuerda!

Pon las gominolas, los caramelitos y las perlas antes de que se seque la masa de mazapán.

Ingredientes

- Masa de mazapán (ver p. 2)
- Colorantes rojo, azul y blanco
- Bolitas de caramelo
- Perlas comestibles
- Toppings de colores

Utensilios

- Cortapastas con forma de corona
- Espátula o cuchillo redondo para extender la cobertura

Dar color

Una vez hechas las galletas con la forma de corona, divide la masa de mazapán para mezclar con los colorantes.

Usa tus dedos

Para conseguir el aspecto que tienen las coronas de la imagen, trabaja con los dedos la masa de mazapán ya teñida. Aquí no hay que buscar la perfección, sino que al dar la forma manualmente a las galletas lograrás coronas con aspecto irregular. Después añade las perlas y los toppings de caramelo, que se quedarán perfectamente unidos a la masa de mazapán si lo haces antes de que se seque.

Muffins, cupcakes y cake pops

Los muffins son como magdalenas grandes con detalles de colores. Los cupcakes, en cambio, tienen una superficie más plana, perfecta para crear figuritas, caras ¡y hasta mensajes! Por último, los cake pops son como piruletas hechas con bizcocho y forradas de fondant o chocolate. ¡Deja volar tu imaginación para decorarlos!

Después de hornear, espera a que se enfríen para añadir la decoración. Por cierto, ¡cuidado con el horno! Te recordamos que lo mejor es que mamá o papá te ayuden siempre en este paso.

Muffins

Ingredientes: 75 g de azúcar • 2 tazas de harina • Medio sobre de levadura • Un huevo • Un cuarto de taza de mantequilla derretida • Una pizca de sal

Preparación: mezcla muy bien todos los ingredientes y distribuye la masa en moldes para muffins previamente engrasados. ¡Pero no los llenes hasta arriba! Pide a un adulto que hornee a 180 °C durante 15 minutos.

Cupcakes

Ingredientes: 3 huevos • 100 ml de aceite (o mantequilla derretida) • 50 ml de leche • 125 g de azúcar • 200 g de harina • 2 cucharaditas de levadura

Preparación: bate muy bien los huevos, el aceite y la leche. Añade el azúcar y vuelve a batir. Agrega la harina y la levadura y bate otra vez. Rellena los moldes y hornea como los muffins, pero déjalos 10 minutos más.

Cake pops

Ingredientes: 150 g de bizcocho desmigado o galletas pulverizadas • 150 g de glaseado, chocolate derretido, dulce de leche, crema de mantequilla o crema de queso: cualquiera de ellos sirve para unir bien el bizcocho • Palitos (tipo piruleta)

Preparación: mezcla muy bien el bizcocho desmigado o las galletas pulverizadas con alguno de los otros ingredientes. Toma pequeñas cantidades de la masa y, con las manos, ve haciendo bolitas de un tamaño parecido. Mételas en la nevera durante un par de horas. Al sacarlas, clava un palito a cada bola. Se quedan muy bien pegados si pones chocolate fundido en el extremo del palito que va unido al bizcocho. Para decorarlos bien, clávalos en una pieza de corcho y así no se moverán.

Cake pops con carita

¡Recuerda!

El fondant debe quedar perfectamente pegado al cake pop para que luego lo puedas decorar.

¡Increíblemente buenos!

Distribuye las virutas de chocolate para que parezca pelo auténtico.

Añade un poco más de fondant para unirlo al palito.

Ingredientes

- Fondant (ver p. 3)
- Masa de mazapán (ver p. 2)
- Colorantes blanco, negro y de colores variados
- Virutas de chocolate y de caramelo

Utensilios

- Papel de hornear
- Corcho para clavar los cake pops

Envoltorios de color

Tras hacer las bolas que servirán de base para tus cake pops, lo primero que tienes que decidir son los colores para las caritas. Divide el fondant en tantos colores como quieras y aplica los colorantes. Después corta la masa de mazapán en dos partes, una grande para el color blanco y otra pequeña para el negro.

Pelo, ojos y nariz

Una vez clavados los cake pops en la pieza de corcho y después de haber aplicado los colorantes negro y blanco a la masa de mazapán, comienza a hacer los ojos y la nariz. Colócalos sobre el fondant enseguida para que se queden bien pegados. En cuanto al pelo, te bastará con virutas de chocolate y de caramelo que puedes hacer en casa: ralla un trozo de una tableta de chocolate y machaca un caramelo normal hasta conseguir las virutas.

Cupcake pirata

Plantilla para el pañuelo.

El parche negro sobre el ojo no puede faltar.

No lleves el fondant hasta el borde, deja que se vea el bizcocho.

YO-HO-HO
¡AH del barco!

Cara y pañuelo pirata

Cuando tengas horneados los cupcakes, dedícate a crear la cara de pirata más divertida que puedas. Divide el fondant en dos partes: en una aplica el colorante rosa y en la otra, el rojo. Extiende muy bien el fondant rosa por encima del cupcake para que quede muy lisa. Después calca la plantilla para el pañuelo, ponla sobre el fondant rojo y recorta por el borde. Coloca el pañuelo en su lugar.

Ojo, ceja, nariz y boca

Para todos los detalles lo mejor es usar masa de mazapán, que has de dividir en tres partes y aplicarles colorantes negro, rosa y blanco. Haz con las manos la nariz, la boca, el parche y el ojo. ¡Y no te olvides de los caramelitos rojos que sirven de lazo del pañuelo!

Ingredientes
- Fondant (ver p. 3)
- Masa de mazapán (ver p. 2)
- Colorantes rojo, rosa, negro y blanco
- Caramelitos rojos

Utensilios
- Plantilla del pañuelo
- Espátula de repostería o cuchillo redondo para extender el fondant

Cumpleaños feeeliiiiiiz

birthday

¡Para chuparse los dedos!

¡Recuerda!

Para que el muffin quede más esponjoso, tienes que batir mucho rato la masa; así conseguirás que entre bastante aire.

Tendrás una tarta individual totalmente personalizada.

Ingredientes

- Añade chocolate a la masa de muffin
- Nata montada
- Azúcar vainillado
- Toppings
- Corazón de caramelo

Utensilios

- Molde de silicona de color alegre
- Varillas para batir
- Manga pastelera de boca dentada
- Vela de cumpleaños

Un día muy especial

Si deseas hacer tu propia tartita de cumpleaños o si quieres regalársela a tu mejor amigo, la mejor opción es un gran muffin decorado a modo de tarta.

Paso a paso

Añade un poco de chocolate especial para postres derretido a la masa del muffin. Una vez hecho este, déjalo enfriar y colócalo en el molde rígido de color. Con las varillas, mezcla muy bien la nata montada con el azúcar vainillado. Después, mete la nata en la manga pastelera y presiona sobre el muffin, hasta conseguir el aspecto de un copete. Espolvorea los toppings de colores por encima. Por último, coloca la figurita de corazón de caramelo y la vela de cumpleaños.

Draculines

HUMMMMM...
¡Me encanta la sangre!

¡Truco!
Para fijar mejor los cake pops a los palitos, moja un extremo de estos en chocolate blanco fundido antes de clavarlos.

Fíjate en el detalle de los dientes.

Carita blanca

Aplica el colorante blanco al fondant y extiéndelo sobre el papel vegetal. Divídelo en tantos cake pops como quieras hacer. Forra las bolas de bizcocho con el fondant blanco, procurando que no queden pliegues.

Pelo, ojos, boca y dientes

Derrite el chocolate negro y cuando esté templado, introdúcelo en la manga pastelera y dibuja el pelo, los ojos y la boca. Para los dientes, lo mejor será poner una gotita de chocolate blanco cuando el chocolate negro de la boca esté frío y duro. Un lacito negro es el detalle perfecto para adornar estas criaturitas de piruleta.

Ingredientes
- Fondant (ver p. 3)
- Colorante blanco
- Chocolates negro y blanco

Utensilios
- Palitos para los cake pops
- Corcho para clavar los cake pops
- Papel vegetal o de horno
- Manga pastelera de boca estrecha
- Cintas negras

Fantasmitas

Los ojos y la boca también los puedes hacer con pastillas de regaliz.

¡Qué susto!

¿Te da miedo este fantasmita?

Ingredientes

- Fondant (ver p. 3)
- Masa de mazapán (ver p. 2)
- Chocolate negro para fijar los palos a las bolitas
- Colorantes blanco y negro

Utensilios

- Rodillo
- Papel vegetal o de horno
- Corcho para clavar los cake pops

La sábana

Una vez hecha la masa de los cake pops, clava las bolitas a los palos; recuerda que hay que untar antes un extremo del palo con chocolate negro derretido para que se queden muy bien pegadas. Aplica el colorante blanco al fondant y extiéndelo muy bien con el rodillo sobre el papel vegetal hasta lograr una plancha muy fina. Divídela en tantos fantasmitas como vayas a hacer. Coloca cada trozo de fondant como si fuera una sábana, es decir, con sus pliegues.

Ojos y boca

Lo más divertido y entretenido es hacer los ojos y la boca con masa de mazapán mezclada con colorante negro. Utiliza tus propias manos para hacer dos bolas pequeñas para los ojos y una grande para la boca y colócalas en su sitio.

Muffins arcoíris

¡Gran colorido!

Busca toppings de formas y colores diferentes.

Mezcla chocolate especial para postres con una de las masas de muffin antes de hornearlo.

Lluvia de colores

Haz tres grupos con la nata montada y aplica un colorante a cada uno de ellos. Una vez horneados los muffins, distribuye la nata montada coloreada con la manga pastelera para que quede como un copete. Espolvorea los toppings de colores y de chocolate por encima. En las tiendas especializadas existe una gran variedad de toppings, con forma de bolitas, de corazones, de nubes, de triángulos… ¡Lo más difícil es elegir uno!

Ingredientes
- Chocolate para uno de los muffins
- Nata montada
- Colorantes alimentarios azul, rosa y verde
- Toppings de colores y de chocolate

Utensilios
- Manga pastelera con boca dentada
- Moldes de distintos colores

Príncipe encantado

¡Truco!

Puedes hacer este dulce en dos etapas: haz la figura de la rana el día anterior a hornear el cupcake.

¡croac!
¡croac!

Haz unos ojos muuuuuy saltones...

La base debe estar muy lisa para que la figura no quede torcida.

El molde de color verde es perfecto para tu príncipe encantado.

¡muac!

Ingredientes
- Fondant (ver p. 3)
- Masa de mazapán (ver p. 2)
- Colorantes alimentarios azul, verde, rojo, negro, blanco y rosa

Utensilios
- Espátula de repostería o cuchillo redondo para extender el fondant

La base

Una vez horneado el cupcake, mezcla el fondant con el colorante azul y extiéndelo muy bien con un cuchillo redondo o una espátula de repostería. Recorta el sobrante de fondant para que no cuelgue y llegue hasta el borde del cupcake.

El sapo

Divide la masa de mazapán en tantos colores como vayas a usar y aplícales los colorantes. Con tus manos, ve haciendo una bolita para cada parte de la figurita: pies, manos, cuerpo, corbata, cabeza, ojos, boca… Por último, une todas las piezas para crear tu príncipe encantado.

Cake pops de Pascua

¡Recuerda!

Huevos decorados y simpáticos conejos son los protagonitas de la celebración de la Pascua.

Pega todos los adornos cuando el fondant todavía esté húmedo.

Los palitos se pegan muy bien con chocolate derretido.

Redonditos

Divide el fondant en cuatro partes y aplícales los colorantes alimentarios azul oscuro, azul claro, amarillo y blanco. Extiende una plancha de cada color en papel vegetal y envuelve cada cake pop con fondant.

Los adornos

Con la masa de mazapán haz los ojitos, las boquitas, las orejas y las alas. Para ello divide el mazapán en varias partes y aplica los colorantes que vayas a necesitar. Realiza las formas con tus propias manos y pégalas al fondant antes de que se quede totalmente rígido. Los bigotitos los puedes hacer mojando un palillo de madera en colorante negro y dibujándolos.

Ingredientes

- Fondant (ver p. 3)
- Masa de mazapán (ver p. 2)
- Colorantes azul claro, azul oscuro, blanco, amarillo, rosa, naranja y negro
- Toppings de colores y confeti de azúcar

Utensilios

- Papel vegetal o de horno
- Palillos de madera
- Palitos de piruletas
- Corcho para clavar los cake pops

Cupcakes con fruta

¡Increíblemente ricos!

Usa fruta fresca o en almíbar.

Como llevan fruta, estos capcakes son el postre perfecto.

¡Idea!
Vas a aprender a hacer un molde de hojaldre, en vez de usar uno de papel o de silicona.

Ingredientes
- Hojaldre (puede ser congelado)
- Mantequilla fundida
- Harina
- Frutas variadas: kiwi, naranja, cerezas, moras, etc.
- Glaseado (ver p. 3)

Utensilios
- 2 moldes medianos de silicona
- Rodillo

Moldes de hojaldre

Esparce harina en la encimera de la cocina y extiende sobre ella el hojaldre. Pasa el rodillo para reducir su grosor. Aplica en las paredes interiores de ambos moldes la mantequilla derretida y un toque de harina. Forra el interior y el fondo de los moldes con el hojaldre. Recorta lo que sobresalga e introdúcelos en el horno ya caliente durante 10 o 15 minutos (ya sabes, pide ayuda a un adulto) y luego déjalos enfriar. Sácalos de los moldes de silicona y ¡ya tienes tus moldes de hojaldre!

La fruta

Pela y trocea las piezas de fruta grandes. Mézclalas con el glaseado para darle un toque más dulce. Reparte la fruta en los moldes de hojaldre.

Nos gusta el fútbol

El césped debe parecerse al del estadio de fútbol.

Si no tienes paciencia, compra los balones ya hechos en azúcar.

¡GOOOOOL!
¡GOOOOOOOL!

El césped

¡No te asustes! Aunque no lo parezca, el césped es muy fácil de hacer. Solo tienes que aplicar el colorante verde a la masa de mazapán, meter esta en la manga pastelera e ir dando pequeños toques para que salgan las briznas de hierba.

El balón

Hay figuras de balones ya hechas en tiendas especializadas. Pero si te animas a hacerlos tú mismo, sigue estas instrucciones: aplica el colorante blanco a la masa de mazapán y divídela en cuatro partes. Haz los balones con su característica forma esférica, y con tus dedos y una manga pastelera ve aplicando masa de mazapán de color negro hasta completar toda la decoración que necesitan.

¡Recuerda!

Si le añades chocolate fundido a la masa de cupcake, el resultado será delicioso.

Ingredientes

- Masa de mazapán (ver p. 2)
- Colorantes alimentarios verde, blanco y negro

Utensilios

- Manga pastelera con la boca muy, muy estrecha

Muffin de chocolate

¡Idea!

Este es el dulce perfecto para quienes no puedan vivir sin el chocolate. ¡Delicioooooooooooso!

I ♥ chocolate

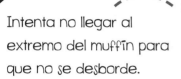

Intenta no llegar al extremo del muffin para que no se desborde.

Los caramelitos de colores crean un contraste perfecto con el marrón.

Ingredientes
- Nata montada
- Chocolate para postres
- Caramelitos o toppings grandes de colores

Utensilios
- Manga pastelera de boca dentada

¿Goloso?

Si eres muy goloso, puedes añadir chocolate derretido a la masa del muffin. Una vez horneado, déjalo enfriar. Mezcla la nata montada con un poco de chocolate especial para postres derretido. Aplica la nata con la manga pastelera hasta formar un copete.

Decoración

Te proponemos una decoración muy básica para dar una nota de color al tono marrón del chocolate. Bastará con unas bolitas de caramelo, pero puedes recurrir a chucherías, grageas de chocolate forradas de caramelo, confeti dulce, toppings variados… Tú decides cómo quieres decorar este dulce que es tan fácil de hacer como delicioso.

Arbolitos de Navidad

Si no encuentras estrellas de azúcar ya hechas, créalas con la masa de mazapán amarillo.

¡Truco!

Para hacer la forma del abeto también puedes ayudarte de un papel de horno: envuelve la masa de bizcocho a modo de cono.

Los motivos decorativos en tonos rojos no deben faltar en Navidad.

Los abetos

Para hacer estos abetos navideños da forma con tus dedos al bizcocho antes de clavar los palitos de piruleta y hornear (no queremos ser pesados, pero pide ayuda a un adulto para hacer este paso). Aplica el colorante verde al fondant y cuando los cake pops se hayan enfriado, envuélvelos con la plancha de fondant.

Los adornos navideños

Para realizar los adornos, lo mejor es utilizar masa de mazapán, porque se moldea muy bien. Divídela en dos y aplica los colorantes alimentarios rojo y amarillo. Con la masa de color rojo haz bolitas de un tamaño parecido, e introduce la amarilla en la manga pastelera para trazar una guirnalda que envuelva el abeto. ¡Y no te olvides de coronar tus arbolitos de Navidad con estrellas de azúcar!

Ingredientes

- Fondant (ver p. 3)
- Masa de mazapán (ver p. 2)
- Colorantes alimentarios verde, rojo y amarillo
- Estrellas amarillas de azúcar

Utensilios

- Palitos de piruleta
- Corcho para clavar los cake pops
- Manga pastelera con boca muy estrecha

Muffin «Te quiero»

Las bolitas verdes pueden tener distintos tamaños.

Deja que la base azul sobresalga un poco para lograr un aspecto más divertido.

Elige un molde decorado con colores.

¡El regalo perfecto!

Ingredientes
- Masa de mazapán (ver p. 2)
- Colorantes alimentarios amarillo, verde, azul y rojo

Utensilios
- Cortapastas redondo y de corazón
- Molde de colores alegres

Hacer los adornos

Una vez horneado el muffin, déjalo enfriar. Divide la masa de mazapán en cuatro partes y aplica los colorantes. Presiona el cortapastas redondo (o un vaso boca abajo si no tienes uno) sobre la masa de mazapán azul extendida. Coloca el círculo azul sobre el muffin.

¡A decorar!

Extiende las masas de mazapán rojo y amarillo y presiona el cortapastas de corazón, o bien trázalo tú mismo con un cuchillito sin filo. Por último, haz las bolitas con la masa de mazapán verde y decora el muffin.

Te quiero, mamá

Donutmanía

Hacer donuts no es complicado, aunque te llevará tiempo porque hay que dejar que la levadura haga su trabajo (aumentar el tamaño de la masa) varias veces. Por eso te proponemos que recurras a los donuts que venden ya hechos y te dediques exclusivamente a la tarea más divertida: ¡decorarlos!

Para hacer una docena de donuts

Ingredientes: 25 g de levadura fresca • 15 ml de leche • 300 g de harina • 90 ml de agua • 4 yemas de huevo • 50 g de azúcar • 60 g de mantequilla • Sal • Aceite de girasol

Preparación: diluye la mitad de la levadura en el agua y añade la mitad de la harina. Amasa muy bien la mezcla y déjala reposar durante una hora: tiene que alcanzar el doble de su volumen.

Ahora diluye lo que queda de la levadura en la leche y mézclalo con el resto de ingredientes, incluida la primera masa. Déjalo reposar otra hora hasta que aumente su tamaño.

Pon harina en la encimera de la cocina y estira la masa. Deberá tener solo unos 3 mm de grosor; para ello utiliza el rodillo de cocina. Utiliza un vaso para hacer el círculo grande y un tapón para el pequeño (si lo quieres con agujero en el centro).

Corta cuadrados de papel de hornear y pon cada círculo de masa sobre un papel. Deja reposar la masa otra hora. Prepara con un adulto la sartén con mucho aceite. Cuando empiece a estar caliente, introduce los discos de masa. Si no puedes despegar fácilmente un disco del papel, no importa: al comenzar a freír se separarán. Tras sacarlos de la sartén, déjalos reposar sobre papel de cocina para eliminar el exceso de aceite.

Donuts hombre araña

¡Te subirás por las **paredes!**

La telaraña debe cubrir toda la superficie del donut.

El fondant blanco deberá estar completamente liso.

¡Consejo!

Antes de comenzar, debes tener claro cómo vas a dibujar la araña: busca fotos para inspirarte.

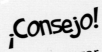

Ingredientes

- Fondant (ver p. 3)
- Masa de mazapán (ver p. 2)
- Colorante alimentario blanco
- Chocolate negro

Utensilios

- Espátula o cuchillo redondo para extender el fondant
- 2 mangas pasteleras: una de boca mediana y otra de boca estrecha

Donuts sin agujero

Estos donuts tan especiales no llevan agujero en el centro: así podrás aprovechar toda la superficie para decorar.

La araña y su vivienda

Para el donut de la araña, aplica el colorante blanco al fondant. Una vez hecho, extiéndelo por la superficie del donut hasta que quede completamente liso. Ahora funde el chocolate negro. Espera un poco para que se temple, e introdúcelo en la manga pastelera. Dibuja una araña grande que ocupe casi toda la superficie.

Para los de las telarañas, extiende chocolate fundido sobre los donuts. Haz masa de mazapán blanco y con la manga pastelera pequeña dibuja la telaraña.

Donut azul

¿Cuál es tu color favorito?
¡Prueba con él!

No importa que el fondant azul se resbale por algún lado.

¡Idea!

Antes de decorarlo, espolvorea el donut con azúcar para que sea más dulce.

Puedes poner otro tipo de toppings, ¡échale imaginación!

El bollo

Una vez horneado el donut con agujero en el centro, deja que se enfríe y espolvorea azúcar blanco por encima.

Las estrellas

Para lograr este dulce e inmenso cielo plagado de estrellas, sigue estas indicaciones: aplica el colorante azul al fondant y con la ayuda de la espátula de repostería o de un cuchillo extiéndelo por la parte superior del donut. A continuación, espolvorea los toppings de estrellas amarillas por encima.

Ingredientes

- Azúcar blanco
- Fondant (ver p. 3)
- Colorante alimentario azul
- Toppings con forma de estrella amarilla

Utensilios

- Espátula de repostería o cuchillo redondo para aplicar el fondant

Donut sonrisas

¡Idea!

Puedes hacer donuts con distintas expresiones: alegre, triste, enfadado, asustado…

¡Es el regalo perfecto para llevar a un cumpleaños!

Para la nariz, servirá cualquier golosina redonda.

Haz una expresión tan alegre que no puedas hacer otra cosa que sonreír.

¡Empieza el día **sonriendo!**

Ingredientes
- Fondant (ver p. 3)
- Chocolate derretido
- Colorante alimentario amarillo
- Mora roja de gominola

Utensilios
- Espátula o cuchillo redondo para extender el fondant
- Manga pastelera de boca muy estrecha

Ja, ja, ja…

Para hacer esta divertida cara necesitarás hacer un donut sin agujero. Cuando lo hayas sacado del horno y se haya enfriado, puedes comenzar a decorarlo. Lo primero es aplicar el colorante amarillo al fondant y extenderlo muy bien por toda la superficie con la ayuda de un cuchillo redondo o una espátula de repostería. Después, funde el chocolate y, cuando esté templado, introdúcelo en la manga pastelera para dibujar los ojos y la boca. Y como toque final, pon la nariz, que no es otra cosa que una mora roja de gominola.

Donut bombón

I-RRE-SIS-TI-BLE

Distribuye la barrita de chocolate por encima del fondant.

¡Nadie se puede resistir a esta mezcla de sabores!

Delicioso

Tras hornear la masa de donut, hay que dejarla enfriar. Aplica el color al fondant como se indica en el envase del colorante. Con un cuchillo redondo o espátula de cocina, extiende el fondant rosa sobre la mitad superior del donut.

Decorando

Antes de que el fondant se quede muy rígido, espolvorea los toppings de colores. Corta la barrita de chocolate rellena de galleta en trozos de un tamaño parecido y colócalos encima del donut de una manera artística. Es un donut especialmente indicado para los más golosos.

Ingredientes

- Fondant (ver p. 3)
- Colorante alimentario rosa
- Toppings de colores
- Barrita de chocolate rellena de galleta

Utensilios

- Espátula de repostería o cuchillo redondo para extender el fondant

Donut nevado

¡Idea!

Este donut no debe quedar perfecto porque en su irregularidad está su gracia.

Procura que la masa de mazapán blanco no llegue hasta el borde.

Utiliza grageas de muchos colores.

¡Un buen remedio para el frío!

Este donut no tiene una forma perfecta, pero es muy dulce.

Ingredientes

- Masa de mazapán (ver p. 2)
- Colorante alimentario blanco
- Grageas de chocolate forradas de caramelo

Utensilios

- Bandeja para el horno
- Trapo y agua para ir lavándote las manos

Donut manual

Para este donut no debes recurrir a un cortapastas. Cuando tengas la masa lista, haz un círculo con tus propias manos. No te preocupes si no queda perfecto, porque justo es eso lo que se pretende con este dulce.

Decoración

Aplica el colorante blanco a la masa de mazapán y extiéndela con tus dedos por la superficie del donut. De esta manera tampoco quedará perfecto y el resultado será más divertido. Seguramente tendrás que limpiarte los dedos de vez en cuando para retirar los restos de masa de mazapán. Coloca las grageas a tu gusto, mezclando todos los colores.

Donuts de Halloween

Los ojos y la nariz con forma triangular asustan mucho.

Consigue una sonrisa que dé mucho miedo.

¡Qué miedito!

La calabaza

Para conseguir la forma de una calabaza, presiona el cortapastas redondo a la masa de donut y con tus dedos haz el rabito y júntalo al círculo. Una vez horneados y fríos, divide los donuts longitudinalmente y añade la nata. Aplica el colorante naranja al fondant y extiéndelo muy bien por la superficie de los dos donuts.

Los rasgos de la cara

Divide la masa de mazapán en dos y aplica los colorantes amarillo y negro. Diseña los ojos, la nariz y la boca. Para el perfilado negro de la boca utiliza la manga pastelera llena de masa de mazapán tintada de ese color.

Ingredientes

• Fondant (ver p. 3)
• Masa de mazapán (ver p. 2)
• Nata montada
• Colorantes alimentarios naranja, negro y amarillo

Utensilios

• Cortapastas redondo
• Espátula o cuchillo redondo para extender el fondant
• Manga pastelera

Donut flor

Intenta que todos los pétalos sean del mismo tamaño.

Procura que el fondant rosa no se caiga por los lados del donut.

¡Un regalo para mamá!

Ingredientes

- Fondant (ver p. 3)
- Glaseado (ver p. 3)
- Colorante alimentario rosa

Utensilios

- Espátula de repostería o cuchillo redondo para extender el fondant
- Manga pastelera de boca estrecha

Color rosa

Da el tono deseado al fondant con el colorante rosa. Extiende el fondant por encima del donut ayudándote de un cuchillo redondo o de una espátula de repostería. Debe quedar una capa muy lisa y brillante.

Flor blanca

Haz el glaseado e introdúcelo en la manga pastelera. Para lograr una flor perfecta, con una mano sujeta con fuerza la parte inferior de la manga pastelera y con la otra ve presionando para que salga el glaseado. Haz de esta manera cinco pétalos del mismo tamaño. Deja que todo se seque antes de regalar esta flor tan especial.

Donuts estrella

¡No los busques en el firmamento!

Elige los colores que más te gusten.

¡Truco!

En esta ocasión extenderás la cobertura con tus dedos para obtener el aspecto rugoso de las estrellas.

Las estrellas

Lo primero es presionar el cortapastas sobre la masa de donut para obtener tres estrellas. Si tienes tres tamaños distintos de cortapastas, también te quedarán muy bien.

Los colores

Divide la masa de mazapán en tres partes y aplícales los colorantes alimentarios. Con tus propias manos, extiende la masa de mazapán en los donuts, así lograrás un aspecto muy divertido. Espolvorea los toppings con forma de estrella por encima de los donuts: decide tú la cantidad de estrellitas que debe llevar encima cada donut.

Ingredientes
- Masa de mazapán (ver p. 2)
- Colorantes alimentarios azul, amarillo y rojo
- Toppings de estrellitas

Utensilios
- Cortapastas con forma de estrella
- Trapo y agua para ir lavándote las manos

Donuts navideños

¡Le gustarán a todo el mundo!

Puedes preparar estos donuts para celebrar las fiestas.

¡Recuerda!

Si no tienes cortapastas con estas formas, puedes hacerlas tú mismo con un cuchillito (y la ayuda de un adulto).

Las grageas de caramelo de colores son perfectas para decorar tu árbol de Navidad.

Ingredientes

- Fondant (ver p. 3)
- Colorantes blanco, verde, fucsia, amarillo
- Chocolate negro
- Gominola de mora
- Grageas de caramelo de colores

Utensilios

- Cortapastas de corazón, muñeco de nieve y abeto
- Manga pastelera
- Espátula para la cobertura

Las formas

Intenta localizar cortapastas con forma de abeto, muñeco de nieve y corazón. Pero también puedes dibujarlas tú sobre la masa. Hornea los donuts y déjalos enfriar.

La cobertura

Divide el fondant en tres partes y aplica los colorantes alimentarios blanco, verde y fucsia a cada una de ellas. Extiende el fondant sobre los donuts que corresponda. Para hacer las líneas finas usa la manga pastelera. Traza los ojos y la boca con chocolate fundido. Por último, coloca el resto de detalles decorativos.

Donut corazón

Prueba a cambiar el color del corazón para que sea más original.

¡Otra forma de decir «Te quiero»!

Para las líneas finas necesitarás una manga pastelera de boca muy estrecha.

Presiona un cortapastas con forma de corazón a la masa del donut.

¡Truco!

Si no tienes fondant rojo, puedes utilizar mermelada. Pero no la lleves hasta el borde del donut porque se resbalará.

Un buen regalo

En esta ocasión te proponemos hacer un donut con forma de corazón y un aspecto muy apetecible. Puede ser el regalo perfecto para celebrar San Valentín o el Día de la Madre.

La masa roja

Divide el fondant en dos partes, una grande (a la que aplicarás colorante rojo) y otra pequeña (para el colorante amarillo). Después de haber horneado este gran donut y se haya enfriado, extiende el fondant rojo con un cuchillo redondo o una espátula de repostería. Intenta que quede lo más uniforme posible. Y con la ayuda de la manga pastelera, traza las líneas amarillas.

Ingredientes

- Fondant (ver p. 3)
- Colorantes alimentarios rojo y amarillo

Utensilios

- Cortapastas con forma de corazón
- Espátula o cuchillo redondo para extender el fondant
- Manga pastelera de boca muy estrecha

Donut glaseado con miel

Prueba a crear otras formas con la masa de donut: una estrella, una serpiente, un triángulo...

¡Recuerda!

A la masa de donut le puedes dar la forma que quieras.

¡Un clásico para el **recreo**!

¡Huuummm, qué rico!

Ingredientes
• Glaseado (ver p. 3)
• Miel: hay de muchas variedades, elige la que más te guste

Utensilios
• Cuchara o espátula de repostería para añadir la cobertura

El caracol

Cuando tengas hecha la masa para donuts, haz con tus manos un cilindro estrecho (debe parecerse a una cuerda) y enróllalo como si fuera un caracol. Hornea la masa y deja que se enfríe antes de continuar. Si el donut está caliente, el glaseado se fundirá y resbalará.

La cobertura

Cuando el donut ya esté frío, puedes comenzar su decoración. Haz un glaseado y añádele varias cucharadas de miel. Mezcla todo muy bien y, cuando esté listo, extiéndelo por la superficie del bollo.

Donut de chocolate

¡Para chuparse los dedos!

También puedes hacerlo con chocolate blanco.

El chocolate

Para esta receta puedes usar chocolate negro, con leche o blanco, pero siempre que sea especial para postres. Hay que fundirlo en un cazo al baño María o en un recipiente apropiado para el microondas (pide ayuda a un adulto). Una vez que esté templado, extiéndelo por encima del donut. Espolvorea los toppings de colores por toda la superficie.

Otra opción

Si eres muy goloso, antes de extender el chocolate por encima, divide longitudinalmente el donut para hacer dos partes, e introduce nata montada entre ambas.

Ingredientes

• Chocolate para postres
• Toppings de colores con forma de fideos

Utensilios

• Espátula de repostería o cuchillo redondo para extender la cobertura

Donut con gelatina

En vez de gelatina, prueba a usar tu mermelada favorita.

El toque final: espolvorea por encima un poquito de canela.

Ingredientes
- Masa de mazapán (ver p. 2)
- Colorante alimentario blanco
- Gelatina de frambuesa
- Canela

Utensilios
- Espátula de repostería o cuchillo redondo para extender la cobertura

La masa

Pide a papá o a mamá que horneen el donut; luego sácalo y déjalo enfriar para poder aplicar la cobertura. Esto es importante, porque si lo haces cuando esté caliente, la cobertura no se quedará bien fijada.

El relleno

Haz la masa de mazapán y aplica el colorante alimentario blanco. Extiéndelo sobre el donut con la ayuda de un cuchillo de punta redonda o una espátula de repostería. Luego haz la gelatina siguiendo las indicaciones del envase. Una vez hecha, pon una buena cantidad en el centro del donut. Por último, espolvorea la canela.

Parte 4

Gingerbread

Estas galletas son típicas de Navidad; tanto, que si se las dejas a Papá Noel junto con un buen vaso de leche, seguro que te lo compensará con un gran regalo… Además, ¡se pueden usar como decoración del árbol!

Para que te salgan varias galletas de jengibre pequeñas o bien una grande

Ingredientes: 260 g de harina • Una cucharadita de levadura • 150 g de azúcar moreno • 5 g de bicarbonato • Una cucharadita de jengibre en polvo • Una cucharadita de canela en polvo • Una pizca de sal • Un huevo • 150 g de mantequilla blanda

Preparación: tamiza la harina con la levadura y en un bol mézclalas con el azúcar, el bicarbonato, el jengibre, la canela y la sal. Bátelo muy bien, añade un huevo y remueve otra vez. Agrega la mantequilla y vuelve a mezclar hasta conseguir una masa homogénea.

Pon harina en una superficie lisa (puede ser la encimera o una tabla grande). Coloca la masa y con un rodillo, extiéndela hasta que su grosor sea de 1 cm aproximadamente.
Aplica los moldes o cortapastas, pon las figuras en una bandeja forrada con papel de horno y pide a papá o a mamá que las horneen durante 15 minutos a 180 °C. Para que se enfríen, lo mejor es dejarlas en una rejilla porque así van adquiriendo consistencia para después poder decorarlas.

¡Idea!

Si quieres usarlas para adornar el árbol de Navidad, haz un agujero a la masa antes de hornear para poder atarle la cinta con la que las sujetarás luego en las ramas.

Hombre de jengibre

¡Una forma clásica para empezar!

Haz expresiones divertidas cambiando la forma de los ojos, las cejas y la boca.

Son las galletas perfectas para merendar en Navidad.

Ingredientes
- Azúcar moreno
- Masa de mazapán (ver p. 2)
- Colorantes alimentarios blanco, negro, rojo, amarillo, verde y azul

Utensilios
- Cortapastas de muñecos
- Mangas pasteleras de boca estrecha

Varios muñecos

Sustituyendo el azúcar blanco por el moreno, haz varios muñecos con el cortapastas y hornéalos (pide ayuda a un adulto). Deja que se enfríen antes de pasar a decorar tus gingerbread. Divide la masa de mazapán en tantos colores como vayas a usar para los adornos.

Cómo vestirlos

Para las manos, los pies, la boca y las cejas lo mejor es recurrir a pequeñas mangas pasteleras que puedes hacer tú mismo con un cono de papel vegetal o de horno. Los ojos y los botones los puedes hacer creando bolitas con las manos.

Gallina y pollitos

Aquí tienes unas plantillas para hacer los detalles de la gallina:

clo clo

Usa un pincel de cocina pequeño para los detalles de las plumas.

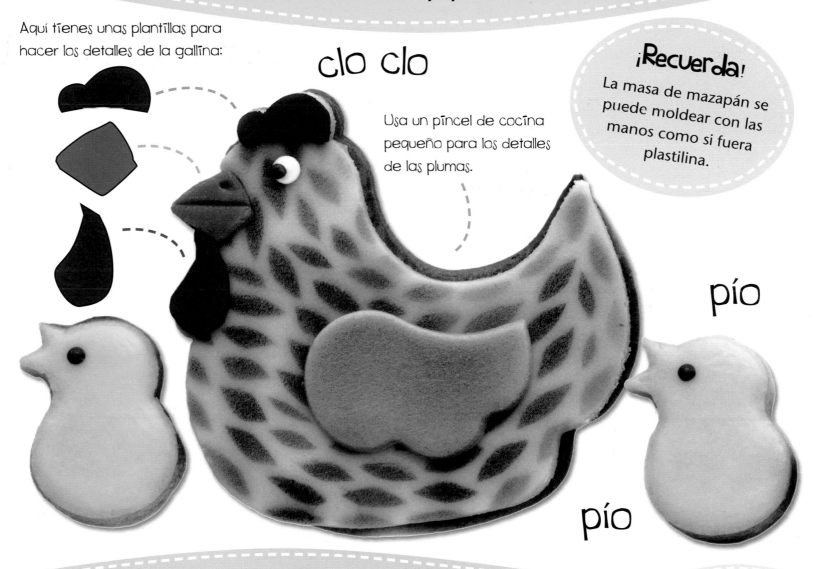

pío

pío

La gallina

Mezcla fondant con colorante blanco y extiéndelo por toda la superficie de la galleta con la ayuda de un cuchillo redondo o una espátula de repostería. Con el pincel y el colorante marrón, dibuja las plumas. Los detalles de ojos, pico, cresta y ala grande se hacen con masa de mazapán teñida con los colorantes correspondientes.

Los pollitos

Tras haber horneado las galletas, aplica el colorante alimentario amarillo a la masa de mazapán y con tus propias manos ve extendiéndolo. El detalle final es el ojo de los pollitos.

Ingredientes

- Fondant (ver p. 3)
- Masa de mazapán (ver p. 2)
- Colorantes amarillo, blanco, naranja, rojo y marrón

Utensilios

- Espátula de repostería o cuchillo redondo
- Manga pastelera de boca estrecha
- Pincel de cocina pequeño
- Cortapastas de gallina y pollito

Familia de osos

¡Solo falta
Ricitos de Oro!

¡Idea!

Haz la galleta de la familia de osos con azúcar moreno, excepto el osito más pequeño.

Fíjate en el detalle de las cejas del padre.

Tendrás que hacer las puntillas con una manga pastelera.

Ingredientes

• Masa de mazapán (ver p. 2)
• Azúcar moreno
• Chocolate para postres fundido
• Colorantes alimentarios rojo, azul y blanco

Utensilios

• Cortapastas de osos de distintos tamaños
• 3 mangas pasteleras

Una familia al completo

Haz tres figuras de osos de distintos tamaños con azúcar moreno, y la cuarta, más pequeña, con azúcar blanco. Funde el chocolate y cuando esté templado, aplícalo con la manga pastelera en las orejas, la parte superior de la cabeza y las puntas de las extremidades.

Vestidos, caras y corbata

Divide la masa de mazapán en tres partes y a cada una de ellas aplícale un colorante. Para los detalles rojos y blancos usa dos mangas pasteleras, una para cada color. La corbata azul la puedes hacer con tus propias manos.

Papá Noel de galleta

Ho, ho, ho
¡Feliz Navidad!

Haz la barba todo lo grande que quieras.

No te olvides de dibujar la bolita blanca del gorro.

¡Idea!

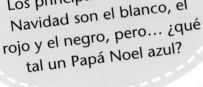

Los principales colores de Navidad son el blanco, el rojo y el negro, pero… ¿qué tal un Papá Noel azul?

El cinturón es imprescindible: es un toque que no debe faltar en tu Papá Noel.

Cortapastas con forma de Papá Noel

Si no encuentras un cortapastas con forma de Papá Noel, no te preocupes, porque puedes hacerlo dando a la masa esta forma con un cuchillo. Pide a un adulto que hornee la galleta y déjala enfriar.

Traje: imprescindible

Aplica el colorante blanco al fondant y extiéndelo por toda la galleta. Divide la masa de mazapán en dos partes, una grande para el colorante rojo y otra pequeña para el negro. Ve dando forma con tus manos y termina de decorar la galleta con los detalles más pequeños.

Ingredientes
- Fondant (ver p. 3)
- Masa de mazapán (ver p. 2)
- Colorantes alimentarios blanco, rojo y negro

Utensilios
- Cortapastas con forma de Papá Noel
- Espátula o cuchillo redondo para extender el fondant

Regalo y árbol

No te olvides de las perlas comestibles para decorar tu árbol de Navidad.

Los detalles son fundamentales en este tipo de dulce.

¡Recuerda!

Las bolas del árbol las puedes hacer con masa de mazapán coloreada o bien usar bolitas de caramelo de colores.

Ingredientes
- Fondant (ver p. 3)
- Masa de mazapán (ver p. 2)
- Colorantes alimentarios verde, rojo, amarillo, blanco, azul…
- Perlas comestibles

Utensilios
- Espátula o cuchillo redondo
- Manga pastelera de boca estrecha
- Cortapastas con forma de abeto

El árbol

Aplica el cortapastas a la masa, hornea y deja enfriar. Mezcla el colorante verde con el fondant y extiéndelo muy bien por la superficie del árbol hasta los bordes. Aplica colorante blanco a la masa de mazapán y con la manga pastelera traza las guirnaldas. Coloca en su sitio las perlas y las bolas de colores.

Caja

Haz la forma de la caja con la masa de galleta. Hornea y deja enfriar. Aplica colorante amarillo al fondant y extiéndelo. Los detalles de la caja se hacen con masa de mazapán mezclada con los colorantes correspondientes.

¡Qué frío!

El muñeco de nieve es un adorno típico de la Navidad... ¡aunque no en todos los sitios hace frío en esta época!

Para esta decoración deberás tener muy buen pulso.

¡Recuerda!

Si quieres colgar estas galletas en tu árbol, haz un agujero en la parte superior antes de hornearlas.

¡Los bastones de caramelo siempre son bien recibidos!

Espolvorea coco rallado sobre la parte blanca del gorro.

La base

Aplica los cortapastas a la masa de galletas, hornéalas y déjalas enfriar. Si no encuentras cortapastas apropiados, traza la forma de las galletas con un cuchillito (y la ayuda de un adulto). Divide el fondant en tres partes y aplica los colorantes rojo, blanco y azul. Extiéndelos en las galletas correspondientes.

Momento creativo

Para los detalles, lo mejor es usar masa de mazapán, a la que le aplicarás los colorantes correspondientes. Para las líneas finas del copo de nieve usa la manga pastelera. Y para las partes blancas del gorro de Papá Noel espolvorea coco rallado sobre la masa de mazapán blanco.

Ingredientes
- Fondant (ver p. 3)
- Masa de mazapán (ver p. 2)
- Colorantes blanco, rojo, azul, negro
- Coco rallado

Utensilios
- Espátula de repostería o cuchillo redondo
- Manga pastelera de boca estrecha
- Cortapastas con las formas apropiadas

Carita sonriente

¡Truco!

Si no tienes en casa un cortapastas redondo, utiliza un vaso.

Seguro que esta plantilla te resultará muy útil para hacer el gorro.

Haz la expresión más alegre que puedas.

JA JA

¡No podrás parar de reír!

JA

Para hacer las mejillas y la nariz puedes utilizar caramelos.

Ingredientes

- Fondant (ver p. 3)
- Masa de mazapán (ver p. 2)
- Colorantes blanco y azul
- Chocolate fundido
- Caramelos rosas y rojos

Utensilios

- Espátula o cuchillo redondo
- Manga pastelera de boca estrecha
- Vaso
- Palillo de madera

La cara

Divide el fondant en dos partes. A una de ellas le aplicas el colorante blanco y con la ayuda de la espátula de repostería o un cuchillo, extiéndela muy bien y dale la misma forma redonda de la galleta. Tiñe de azul la otra parte del fondant para el gorro. Para los detalles de este se utiliza masa de mazapán azul: crea una bola con tus propias manos y colócala en la parte superior del gorro; luego, un rollito para la parte inferior, al que harás las líneas con la ayuda del palillo de madera.

La expresión

Esta carita feliz tiene una boca y unos ojos hechos con chocolate fundido y aplicado con una manga pastelera. Finalmente, coloca las caramelos en el sitio correspondiente para hacer la nariz y las mejillas.

Happy family

El padre lleva una pajarita al cuello.

El niño es igual que el papá, pero más pequeño, claro.

A la madre no le puede faltar este lazo tan coqueto a juego con el delantal.

¡Idea!

Recuerda que puedes añadir chocolate a la masa de galletas para que quede más dulce.

Toda la familia

Para realizar esta familia, elabora dos galletas grandes y una pequeña. Aplica el colorante blanco a un poco de masa de mazapán e introdúcelo en la manga pastelera. Aplica todos los detalles blancos con mucho cuidado.

Con habilidad

Para las otras partes lo mejor es que también utilices masa de mazapán, ya que es muy maleable y se trabaja muy bien con las manos. Divide la masa de mazapán en tantos colores como necesites y aplica los colorantes. Ve haciendo las distintas formas y colócalas en su lugar. ¡Es un trabajo muy entretenido y divertido!

Ingredientes
- Masa de mazapán (ver p. 2)
- Colorantes alimentarios blanco, rojo, negro, verde, rosa, morado

Utensilios
- 2 cortapastas de muñecos, uno grande y otro pequeño
- Manga pastelera

Cestita de flores

¡Un regalo perfecto!

Busca colores alegres que recuerden a la primavera.

Puedes hacer las bolitas con la masa de mazapán.

Ingredientes
- Fondant (ver p. 3)
- Masa de mazapán (ver p. 2)
- Colorantes de varios colores
- Perlas comestibles o toppings de colores

Utensilios
- Espátula de repostería o cuchillo redondo
- Manga pastelera de boca estrecha
- Cortapastas de flores variadas

Las flores

Lo primero que tienes que decidir es cuántos tipos de flores y de qué colores vas a hacer, para adquirir los colorantes alimentarios y dividir el fondant y la masa de mazapán en tantos tonos como vayas a usar. La base de las flores se hace con fondant coloreado, mientras que los detalles se realizan con masa de mazapán.

Motivos

Los detalles de líneas de las flores se hacen con una manga pastelera (¡y buen pulso!). Con tus propias manos y la masa de mazapán ya coloreada, crea las bolitas.

¡Truco!

Para agilizar el proceso puedes comprar toppings redondos de colores o perlas comestibles.

Corazones de colores

Si lo prefieres, puedes hacer alguna base con mermelada.

Las espirales se logran con una manga pastelera.

Para conseguir el aspecto rugoso, no alises el fondant demasiado.

¡Idea!
Diseña tus propios corazones en un folio y coloréalos a tu gusto para que te sirvan de modelo para hacer galletas.

El color

Presiona la masa de galletas con el cortapastas de corazón; puedes hacer uno grande, o bien varios más pequeños. Divide el fondant en tantos corazones distintos como vayas a hacer. Aplica los colorantes correspondientes. Extiende el fondant por encima de los corazones.

Los motivos

Para los detalles, usa la masa de mazapán. Divídela en tantos colores como vayas a necesitar y mezcla con los colorantes. La manga pastelera es muy útil para dibujar espirales, hacer círculos o trazar líneas. Lo mejor es hacer pequeñas mangas pasteleras con papel de horno o bien comprar mangas desechables.

Ingredientes
- Fondant (ver p. 3)
- Masa de mazapán (ver p. 2)
- Colorantes rojo, amarillo, blanco, negro y verde

Utensilios
- Espátula de repostería o cuchillo redondo
- Varias mangas pasteleras de boca estrecha
- Cortapastas con forma de corazón

Estrellita, ¿dónde estás?

El glaseado es perfecto para que los toppings se queden pegados.

¡Recuerda!

Para conseguir el color y el aspecto de esta galleta, usa harina integral y azúcar moreno para hacer la masa.

Prueba con otras formas de toppings: lunas, florecitas, círculos...

Ingredientes

- Azúcar moreno y harina integral para la masa de galletas
- Glaseado (ver p. 3)
- Toppings rosas con forma de corazón

Utensilios

- Cortapastas de estrella
- Manga pastelera

La estrella

Aplica el cortapastas de estrella a la masa de galleta, en la que habrás usado azúcar moreno y harina integral. Hornea con la ayuda de un adulto y deja enfriar. Cuando la galleta esté fría, prepara el glaseado y aplícalo por todo el borde de la estrella con la ayuda de una manga pastelera.

Los corazones

En esta receta te proponemos una decoración muy especial: corazones de azúcar de color fucsia. Se quedarán bien pegados al glaseado si los colocas enseguida, nada más aplicarlo.

Lindo **Pajarito**

¡Idea!

Elige los colores que quieras para las plumas, pero procura siempre que combinen.

pío, pío

Estas líneas se hacen muy bien con una manga pastelera.

Procura que los colores no se mezclen con el blanco.

El color blanco

A la masa de galleta base añade un poco de chocolate negro para postres fundido. Presiona la masa con el cortapastas de pájaro, pide a papá o mamá que la horneen y déjala enfriar. Aplica el colorante alimentario blanco al fondant y colócalo donde corresponda.

Los otros colores

Para hacer los otros colores, divide la masa de mazapán en cinco partes y aplica un colorante distinto a cada una de ellas. Usa una manga pastelera para cada color y ve presionando, con mucho cuidado y buen pulso, para hacer los trazos en las alas, plumas y cabeza.

Ingredientes

- Añade chocolate a la masa de galleta
- Fondant (ver p. 3)
- Masa de mazapán (ver p. 2)
- Colorantes blanco, rojo, azul, verde, amarillo y naranja

Utensilios

- Espátula o cuchillo redondo
- 6 mangas pasteleras (una por color)
- Cortapastas con forma de pájaro

Americanismos

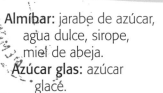

Almíbar: jarabe de azúcar, agua dulce, sirope, miel de abeja.
Azúcar glas: azúcar glacé.
Bizcocho: biscocho, galleta, cauca.
Chocolate: cacao, soconusco.

Frambuesa: mora.
Fresa: frutilla.
Gelatina: jaletina, granetina
Huevo: blanquillo.
Limón: acitrón, bizuaga.
Maicena: capí.
Maíz: cuatequil, capia, canguil.
Mantequilla: manteca.

Merengue: besito.
Mora: nato.
Nata líquida: crema de leche sin batir.
Nube de azúcar: marsmallow, malvavisco, esponjita.
Pastel: budin.
Requesón: cuajada.
Zumo: jugo.

Contenido

© 2014, Editorial LIBSA
C/ San Rafael, 4
28108 Alcobendas (Madrid)
Tel.: (34) 91 657 25 80
Fax: (34) 91 657 25 83
e-mail: libsa@libsa.es
www.libsa.es

Colaboración en textos: Nuria G. de la Noceda Enrich
Imágenes: Archivo editorial LIBSA, Shutterstock Images, 123rf,
Cupcake «Cupido» de portada: Repostería de diseño «Pide un deseo»,
www.tartasespeciales.es
Edición y maquetación: Equipo editorial LIBSA

ISBN: 978-84-662-2790-2